mela

äpple

pera

päron

arancia

apelsin

limone

citron

uva

vindruvor

fragola

jordgubbe

cocomero

vattenmelon

cocco

kokosnöt

banana

banan

lampone

hallon

kiwi

kiwi

ciliegia

körsbär

mirtillo

blåbär

prugna

plommon

pesca

persika

fico

fikon

ananas

ananas

mango

mango

cachi

persimon

cavolfiore

blomkål

zucchina

zucchini

melanzana

äggplanta

carota

morot

patata

potatis

cavolo

kål

pomodoro

tomat

spinacio

spenat

broccolo

broccoli

piselli

ärtor

zucca

pumpa

zucca pepona

butternutpumpa

avocado

avokado

carciofo

kronärtskocka

fungo

svamp

ravanello

rädisa

aglio

vitlök

cipolla

lök

barbabietola

rödbeta

porro

purjolök

peperone

paprika

peperoncino

chilipeppar

asparago

sparris

9 791041 707201